„Yoga bedeutet,
jedem Lebensaugenblick
Würde zu verleihen."

ONYMA

©2020 Christine Rudolph, Katrin Bollmann

Text: Christine Rudolph chrissi-se@t-online.de
Illustration: Katrin Bollmann Bollmannk@me.com

Mitarbeit: Maike Ahrens maikeahrens1@aol.com

Verlag: tredition GmbH,
Halenreie 40-44, 22359 Hamburg

ISBN   Hardcover 978-3-347-07836-9
ISBN   Paperback 978-3-347-07835-2

ONYMA

Der kleine schwarze Wüstenkäfer und die Frage „Was ist Yoga?"

Eine liebevolle Geschichte über die Weisheitslehre des Yoga für Kinder und Erwachsene

Text von Christine Rudolph
Illustration von Katrin Bollmann

Onyma ist ein kleiner schwarzer Wüstenkäfer, der in Südwestafrika
in der *Namib-Wüste* lebt. Er ist ein sogenannter Nebeltrinker-Käfer,
auf lateinisch *Onymacris unguicularis*. Aber so wollte Onyma nie genannt
werden. Das klingt so wichtig, findet er, und ich bin doch einer von euch
und jeder ist doch auf seine Weise wichtig.
Also nennen ihn alle Onyma.
Onyma lebt schon lange hier in der *Namib-Wüste* und ist bei allen
Tieren sehr beliebt. Seine liebevolle aber auch respektvolle Art,
mit denen er allen Tieren begegnet, weiß jeder zu schätzen.

Wenn Onyma früh aufsteht, reckt und streckt er sich, schiebt mit seinen langen Beinen den roten Wüstensand zur Seite und schaut in die Richtung, wo die Sonne aufgeht.

„Ach, was für ein schöner Tag," sagt Onyma und macht sich auf den Weg. Jeden Morgen geht er den selben Weg.

Er balanciert auf dem Dünenkamm der roten *Namib-Wüste* bis zu dem Punkt, wo er die aufgehende Sonne am besten sehen kann.

Dann gräbt er sich eine kleine Mulde, in der er aufrecht und bequem sitzen kann, und schließt seine Augen. Nun beginnt sein tägliches Ritual. Er nennt es seine **„Ganz-bei-mir-sein-Übung"**.

Damit ihm diese Übung auch gelingt, muss er sich noch ein wenig vorbereiten. Zuerst schaut er sich nochmal alles an, was ihm so durch den Kopf geht. Aber er hält sich an nichts länger fest, sondern lässt alles im Inneren seines kleinen Kopfes an sich vorüberziehen, so wie rote Sandkörner, die vom Wind vorbeigeblasen werden.

Dann konzentriert er sich nur noch auf seine Atmung.

„Gut fühlt es sich an," denkt er, „wenn sich mein kleiner Panzer hebt, wenn ich einatme. Und wie schön ist es, wenn er sich wieder senkt, wenn ich ausatme. Als wenn ich ganz neue Kräfte bekäme, wenn ich einatme und alle Sorgen durch das Ausatmen meinen Körper verlassen." Onyma sitzt nun ganz entspannt in seiner kleinen Sandmulde, mit geschlossenen Augen und vergisst Raum und Zeit ....

Er spürt nur noch das Heben und Senken seines kleinen schwarzen Panzers beim Ein- und Ausatmen. Meistens beendet Onyma nach 30 – 40 Minuten seine **„Ganz-bei-mir-sein-Übung"** und streckt und reckt sich. Nun beginnt er mit seinem zweiten Morgen-Ritual.

Er nennt es **„Nebeltrinker-Käfer-Gut-Fühl-Übung"**. Ganz achtsam geht er dabei mit seinem kleinen Körper um. Er spürt in sich hinein, was ihm wohl heute gut tun könnte. "Heute brauche ich etwas für meine Beine," denkt er. „Der Weg durch den roten Sand war doch ganz schön anstrengend."

Also baut er sich mit seinen sechs Beinen eine kleine Fläche, auf der er stabil stehen kann, und beginnt mit seinen Körperübungen.

Dehnen, drehen, strecken… aber alles sehr achtsam.
Besonders gut tut es ihm, wenn er bei diesen Übungen seinen Atem
mit einbezieht.
Es sind jeden Morgen zur gleichen Zeit die gleichen Rituale, die Onyma
pflegt, und er tut das mit viel Liebe und Hingabe. Wie er eigentlich alles
in seinem Leben macht - mit viel Liebe und Hingabe.
Bevor er sich auf den Heimweg begibt, will er noch Wasser für seine
kranke Mutter besorgen. Nebeltrinker-Käfer haben nämlich die Fähigkeit,
mit ihrer eigenen Körperoberfläche Wasser aus den vom Atlantik in die
Wüste ziehenden Nebelschwaden zu gewinnen.
Dazu balancieren sie auf einem Dünenkamm mit dem Kopf nach unten
gesenkt und strecken ihr Hinterteil nach oben, in einem Winkel von etwa
20 Grad zum Wind, einem Kopfstand ähnlich. Feine Nebeltröpfchen
der Luft bleiben hängen und das aufgefangene Wasser kann
genutzt werden. Onyma hat extra einen Grashalm
mitgenommen, ihn unten verschlossen und füllt ihn
nun mit den aufgefangenen Wassertropfen.

Onyma macht das jeden Morgen für seine kranke Mutter. Sie ist alt und kann diese strapaziöse **„Nebeltröpfchen-Übung"** nicht mehr selbst ausüben. Für Onyma ist das selbstverständlich. So wie auch alles andere für ihn selbstverständlich ist, wenn er sieht, dass jemand Hilfe braucht. Früher war er manchmal sehr traurig, wenn er erlebte, dass die anderen Tiere nicht so hilfsbereit waren. Aber das hat er abgelegt.
Er weiß, dass eben jeder anders ist und das kann er akzeptieren.
Er bewertet es nicht mehr, sondern beobachtet es und findet manches Verhalten einfach nur interessant.
Seitdem er ohne jegliche Erwartungen durchs Leben geht, bekommt er so viel Liebe und Freude zurück, dass es ihn richtig glücklich macht.
Manchmal fragen ihn die anderen Tiere auch: „Onyma, warum bist du so? Du machst täglich deine Morgen-Rituale, bist so friedvoll im Wort und immer hilfsbereit im Umgang mit uns allen.
Du vermittelst uns das Gefühl, dass du mit dir und deinem Leben immer so zufrieden und nie neidisch auf die Anderen bist.
Irgendwie bist du immer du selbst."

Onyma weiß darauf keine Antwort, aber er weiß, dass das Leben,
so wie er es führt, sich richtig gut anfühlt.
Auf dem Heimweg von der roten großen Sanddüne trifft Onyma eine
Herde Zebras und einen kleinen Springbock. Onyma grüßt ganz
freundlich und trägt würdevoll seinen mit Wassertropfen gefüllten Halm
nach Hause in die kleine Sandhöhle zu seiner kranken Mutter.
Im **Nebeltrinker-Käfer-Dorf** gibt es heute viel Aufregung. Man sagt, dass
die Elefantenfamilie, die sich zurzeit ganz in der Nähe des Dorfes aufhält,
Besuch eines Verwandten aus Indien habe.

12

Indien, das hatte Onyma kürzlich gelernt, liegt auf einem anderen Kontinent und ist ganz weit von Afrika entfernt. Er beschließt, zuerst seine Mutter zu versorgen und seine morgendliche Körperpflege zu erledigen. Dann will er sich auf den Weg machen, um den Besucher aus Indien zu begrüßen. Erst gibt es aber wie jeden Tag noch ein gesundes Frühstück … das muss sein.
Denn gesunde Ernährung ist Onyma sehr wichtig. Er sagt immer zu seinen Freunden: „Nur wenn wir für unseren Körper gut sorgen, haben wir auch gute Gedanken."

Ganz gespannt, wie der Besuch aus Indien wohl sein mag, macht sich Onyma auf den Weg. Nachdem er nun über drei Stunden in der immer heißer werdenden Wüstensonne unterwegs war, sieht er in großer Entfernung eine Wasserstelle, an der sich neben vielen anderen Tieren auch die Elefantenfamilie aufhält.

Onyma ist ganz aufgeregt und beschleunigt seinen Schritt. Jamba, der Elefantenbulle, sieht ihn schon von Weitem und begrüßt ihn ganz freudig: „Hallo Onyma, was machst du denn hier?"

„Hallo Jamba, ich habe gehört, ihr habt Besuch aus Indien und ich wollte euren Gast willkommen heißen."

„Das ist aber nett von dir. Da wird sich mein Cousin Hassan sehr freuen. Schau, da hinten kommt er!"

Onyma dreht sich um und sieht einen großen stattlichen Elefantenbullen durch die Steppe auf ihn zukommen.

15

Es herrscht eine große Aufregung und alle begrüßen sich herzlich und würdevoll. Danach beschließen sie, unter einer schattenspendenden Schirmakazie gemeinsam einen schönen Tag in der *Namib-Wüste* zu verbringen. Onyma erfährt, dass Hassan ein Cousin von Jamba ist und er vor vielen Jahren nach Indien ausgewandert war. Er war damals jung und neugierig.
Und er hatte gehört, dass in Indien Artgenossen der Elefanten leben, und dies wollte er natürlich mit eigenen Augen sehen, also zog er los. Die ersten Jahre waren nicht leicht in diesem fremden Land.

16

Er hatte sich zuerst als Arbeitselefant durchgeschlagen
und kam so in die Gegend des Himalaya-Gebirges. Dort traf er eines
Tages einen alten Mann.
Im Dorf sagten die Leute, er sei ein Gelehrter und Meister des Yoga
und lebe ganz alleine in einer Höhle im Himalaya-Gebirge.
Hassan fand das sehr spannend. Er machte sich auf den Weg
und besuchte den alten Mann in seiner Höhle.
Im Laufe der folgenden Jahre wurden die beiden gute Freunde.
Der gelehrte Mann unterrichtete Hassan in der Philosophie des Yoga.
Und alles, was das Thema Yoga umfasste, wurde mehr und mehr
zum Lebensinhalt von Hassan.

Irgendwann sagte der Gelehrte: „Hassan,
es ist Zeit für dich in deine Heimat nach
Südwestafrika zurückzukehren und dort unter
deinen Artgenossen und allen anderen Tieren
die Lehre des Yoga zu verbreiten."
„Und nun bin ich hier," sagt Hassan,
„um diesen Auftrag zu erfüllen."
Onyma ist sprachlos. Wie gefesselt hat er
den Worten von Hassan gelauscht.
Und nun bricht es aus ihm heraus:
„Yoga, was ist das denn?"
Onyma hat dieses Wort noch nie gehört. Er
kann sich überhaupt nicht vorstellen, was das
sein soll und wie man sich damit jahrelang
beschäftigen kann.
Er bittet Hassan, ihm alles über Yoga zu
erzählen. Hassan willigt ein, greift ganz
liebevoll mit seinem Rüssel nach Onyma und
setzt ihn behutsam auf seinen Rücken.
Dann entfernt er sich ganz langsam und
würdevoll einige Meter von den anderen und
sucht einen ungestörten Platz hinter einer
leichten Anhöhe.
„Dich beschäftigt also die Frage: Was ist
Yoga?" sagt Hassan zu Onyma.

„Gerne will ich dich in dieser Lehre unterweisen, aber da wir uns noch gar nicht kennen, erzähl du mir doch erst mal von dir und deinem Leben."
Und Onyma erzählt alles, was ihm durch den Kopf geht.
Er berichtet von seinem schönen Leben im **Nebeltrinker-Käfer-Dorf**.
Wie er täglich sein Morgenritual, die **„Ganz-bei-mir-sein-Übung"** macht und wie er sich gezielt im Geiste darauf vorbereitet.
Er erzählt von seiner **„Nebeltrinker-Käfer-Gut-Fühl-Übung",** die er täglich anschließend übt und dabei immer in sich hineinspürt, was sein kleiner Körper heute braucht.

Er erwähnt auch, wie achtsam er mit sich selbst umgeht.
Wie er mit Liebe und Hingabe täglich die **„Nebeltröpfchen-Übung"**
macht, damit seine kranke Mutter Wasser bekommt.
Dass sein ganzes Handeln auch allen anderen gegenüber von Liebe
und Hingabe geprägt sei.
Er erzählt Hassan, wie wichtig ihm seine tägliche Körperpflege ist,
und dass eine gute und gesunde Ernährung einen großen Stellenwert
in seinem Leben hat.
Auch wie selbstlos er das alles tut, weil es sich so gut für ihn anfühlt.
Und er betont, wie demütig er jeden Morgen auf seiner Sanddüne sitzt
und den Tag, der vor ihm liegt, willkommen heißt.
Hassan hört ganz andächtig auf die Worte von Onyma. Und als dieser
fertig ist mit seinem ausführlichen Bericht, sagt Hassan:
„Onyma, all das was du berichtet hast, ist Yoga!"

Die Autorin, **Christine Rudolph,**
geb. 1958 in Nürnberg,
war über 40 Jahre als Ausbilderin in der Sozialversicherung tätig.
Nach Beendigung ihres aktiven Berufslebens widmet sie sich
neben vielen Ehrenämtern ihren Leidenschaften,
dem Reisen in ferne Länder und dem Schreiben.
Als begeisterte Yogalehrerin versucht sie mit ihren Geschichten
die inspirierende YOGA-Philosophie
Kindern zugänglich zu machen.

Die Illustratorin, **Katrin Bollmann,**
geb. 1959 in Hamburg,
ist seit 35 Jahren als Layouterin beim Spiegel tätig.
Sie malt und zeichnet, druckt und filmt, fertigt Collagen die mit
Acrylfarben übermalt werden, und ist als Urban Sketcherin
in Hamburg und anderswo unterwegs.